AF607752

Los puntos cardinales

Primera edición: agosto de 2024

info@preguntaediciones.com
www.preguntaediciones.com

Diseño de cubierta: equipo editorial
ISBN: 978-84-19766-51-9
Depósito legal: Z-1448-2024

Printed in Spain. Impreso en España por Estilo Estugraf Impresores

Rafael Lobarte Fontecha

Los puntos cardinales

PREGUNTA

I

Los cuatro puntos

Sa Pa

Yo no quería ir a Sa Pa,
yo no quería dirigirme
al norte de las tierras
en que habitan los viet,
en aquel largo tren que atravesaba
dando tumbos la noche.

Pero en esos montes
de color esmeralda inundados
por el sol que deslumbra
el trópico en septiembre,
en esos bosques donde crecen
dos clases de bambú:
el que se cierne anhelando
los límites del aire
y el que brota robusto
en solar extranjero;
en el sabor dorado
que nos dejó en la boca
la dulce caña de azúcar;
en su feraz paisaje
de arrozal escalonado,

en sus múltiples sendas,
en las cabañas que plantó la tierra,
en esos búfalos de tez oscura
y en el azul purísimo
que caía del cielo;
en campos y laderas
de perfil ondulante
—verde y oro, oro y verde—,
donde se recogía en gavillas
el cereal maduro;
en la cálida brisa mensajera
de un dios siempre dichoso,
en el blanco torrente de las piedras
al que acudían a bañarse
desnudos los chiquillos;
en hombres y mujeres recubiertos
de algodón enlutado;
en la luz cegadora
de esos atardeceres
que borran las montañas,
en un tiempo sin tiempo,
allí, en la frontera china,
encontré, igual que tú, el Paraíso.

La paix

La pecera que está llena de pájaros.
La jaula que está llena de peces.
El árbol de los frutos. Luz y oro.
Las hojas de la vid. Verdes racimos.
La caracola enorme.
El cielo acaso, el mar
y la tierra fecunda.
El niño que ha uncido
un Pegaso celeste.
El caballo que observa amoroso.
Las mujeres que danzan
desnudas y hermosas
danzas de alegría.
Ese sol que es piedra,
que es diamante amarillo
y espigas. El hombre
de la flauta de Pan.
El del cuenco de barro.
El que marca las huellas.
La mujer que ociosa
y culta amamanta a un niño.
Luego será el muchacho

que lleva la pecera.
La pecera que está llena de pájaros.
La jaula que está llena de peces,
en una sucesión
de fulgurantes trazos y de signos.

La joie de vivre

¡No dejes nunca
de bailar, muchacha!

Sobre un fondo celeste
de agua de mar, dorado
de alegres espigas,
espumoso de velas,
es Pan quien te ofrece
su doble instrumento;
y las bellas criaturas
que poblaban la tierra
en el breve reinado
de la luz y la dicha,
con la cabra y la oveja
tañerán para ti,
bailarán para ti
esta eterna mañana
dorada y celeste
de agua de mar, celeste
y dorada de sol,
espumosa de brisa.

Motivo estival

Mi amigo escribe versos
coronada la frente
de lúbricas gaviotas
y tremolantes velas.

A mi amigo sorprende
el azul indeciso
del mar innumerable
y el pálido fulgor
de blanca luna inquieta.

Mi amigo escribe versos
colmados de caimanes
y luminosas teas.

Acodado al pretil siempre asombroso
de las nubes, mi amigo
escribe y cuenta versos diminutos,
y se quita y se pone mil caretas.

Cuando cierres los ojos

A Carmen Herrer

Cuando cierres los ojos esta tarde,
no temas que unos dedos de níquel
intenten aquietar la erguida llama
que alienta poderosa en tu pecho,

ni que las aves de mirada ciega
sean capaces de agitar con trazo
insomne, las tranquilas corrientes
que prestan su cobijo al sueño.

Mas ábrelos y así contempla,
como una fruta que en sazón se ofrece
enteramente para ti de nuevo,
la palpitante plenitud del día.

Tenuis labor

A Antonio López Aliaga

¿Por qué serán tan dulces
—pues lo son a mis ojos— estos versos?
Quizás por la actitud grácil y humilde,

dum sedet et gracili fiscellam texit hibisco,

y el amor profesado al triste Galo,

Gallo, cuius amor tantum mihi crescit in horas...

el amigo que habría
de perecer más tarde
por las arenas de un falaz Egipto;

... quantum uere novo uiridis se subicit alnus,

y la clara conciencia
a pesar de la sombra ya nociva,

surgamus: solet esse grauis cantantibus umbra,

de haber concluido
la más fina labor.

Ite domum saturae, uenit Hesperus, ite capellae.

Caligrafía

El viento desplaza
levemente la lluvia,
en este atardecer
de brumas chinesco.

Los pájaros huyen
por un cielo agrisado
presintiendo el otoño.

Y una suave quietud
se ha como adueñado
de mí, este día
de octubre en Zaragoza.

Poeta *tang*

A Marisa Lamarca

Cierto poeta chino,
budista fervoroso,
logró arrancar un día
de su corazón todos
los deseos. Ahora,
su sonrisa dibuja el halo inmóvil
de una hueca añoranza.

El río Piedra

La piedra cae
sobre la piedra.
Sobre la piedra blanca,
la piedra negra.

Suspiros. Lágrimas.
Amores grises.
Sobre un fondo
digno de Leonardo,
el agua se derrumba
preñada de infinito.
Y acaba verde y quieta
sosteniendo la barca impasible
de un ceñudo Caronte.

Poema andaluz

Cuando cae la noche sobre Ronda
se quebrantan los arcos de los cielos
y en lo hondo parece adivinarse
un último clarín entre los ecos.

Cuando cae la noche sobre Ronda
se estremecen las peñas y los sueños,
y esparcen por redondas lejanías
sus alas de negrura los vencejos.

Cuando cae la noche sobre Ronda,
se desangran los astros en silencio.

Premonición

Explorador osado,
observaba en lo oculto
manadas de elefantes
cimbreando sus trompas relucientes;
los muslos recios y los culos firmes,
blancos y apretados.

Testículos orondos se escondían
en gruesas bolsas grises.
Bajo la lluvia de metal, un fuerte
olor a macho joven sudoroso
se diluyó por el desaguadero
del enyesado turbio.

Pero el niño seguía allí, atrapado
en la visión curiosa
de un espejo imprevisto.

Ngorongoro

Se tendió el leoncillo de ojos tristes
sobre la pista dura y polvorienta.

Desolada, su madre le lamía
el flanco enfermo, el hocico dulce.

Se alzó el leoncillo renqueante
y se tendió de nuevo,
como si se sintiera
cansado de la luz
y anhelara la sombra,
entre las sucias ruedas
de un vehículo inmóvil.

Y una multitud bronca y obscena
disparaba sus dardos fotográficos
sobre el desperezarse
lento de esa mísera agonía.

Ahora que ya has sido descarnada
carroña de las aves,
tu recuerdo fugaz

que mece la sabana
en su oleaje trémulo y pajizo,
aún me habla de ti
y perdura en mis labios tu tristeza.

Uji

Un día del pasado,
caluroso y húmedo septiembre,
partimos desde Osaka rumbo a Kioto,
en un tren japonés raudo y preciso,
y desde Kioto a Uji,
en donde suele desplegar el vuelo
secundado por músicas apsaras,
el Byodo-in, fénix deslumbrante
—aunque, enjaulado y ciego,
en aquella ocasión hurtara a nuestra vista
su fúlgido cristal—,
longeva grulla entre perennes pinos;
y en donde, junto al río turbulento
y desbordado —hoy al igual que entonces—,
tras arrostrar valientemente yermos
soles y asperezas,
Kaoru conoció a las melifluas hijas
del buen príncipe Hachi
tras el kichó: a Oigimi y a Naka no Kimi,
a Ukifune después;
Kaoru, el bello y bienoliente vástago
del más que taciturno Kashiwagi

y de aquella princesa que, aunque boba,
supo engañar al luminoso Genji,
el viejo burlador a la postre burlado.
Y allí escuchó aquel koto incomparable,
y allí entrevió una forma cegadora,
y allí surgió un amor,
acaso más patético que trágico,
pero, con todo, amor.

Fue doloroso comprender un día,
que se habían quedado
atrás, sin haber hecho
nada para impedirlo por tu parte,
las pocas ocasiones
que el tiempo te brindara
de ser feliz; curioso que ni aun eso,
en realidad, importe.

Indian sunset

And the red sun sinks at last
into the hills of gold
And peace to this young warrior
comes with a bullet hole.
John / Taupin

El sol se está poniendo
aquí, en el Cañón del Colorado.

Toda la tierra es
un mausoleo enorme
de piedra, de penumbra, de silencio.

El sol se pone sobre el Gran Cañón.

Y un zumbido de voces,
continuo, impertinente, desbocado,
pugna por defender su hálito breve
de tanta soledad cosificada.

El sol se está poniendo
sobre el Gran Cañón del río Colorado.

II

Los dos puntos

Las moradas de Eros

A Eros

Irrumpes en mi vida sosegada
impetuosamente desbordado,
irrefrenable y bello.
¿Y cómo habría yo de resistirte?

Como un viento iracundo,
como un río mugiente,
como un caballo ciego
o un ángel caído.

¡Asólame!, ¡inúndame!,
¡arrásame!, ¡consúmeme!

Que el oscuro fulgor inesperado
que en sus ojos me ofreces,
allí en su boca sea
el aire, el pasto, el agua
donde abreves, amor
insaciable, la sed que me tortura.

A ti

¿Por qué has venido, dime,
a perturbar con tus luces
mi pretendido sosiego?
¿Quién eres tú? ¿Qué me quieres?

Andaba yo consolando
el hastío inevitable
de no haberte conocido,
con un cielo misterioso
y un rumor de antiguas voces,
rico fruto que llevarme
lentamente hasta la boca;
y, con todo, no dejaba
de sentir cómo la muerte
había alzado su mudo
campamento entre las ruinas
vanas de unos vanos sueños,
breves túmulos de arena.

Y aunque sepa que otra cosa
no eres, tal vez, que el último

y, por ello, el más triste
de todos mis desengaños,
resplandece en tu hermosura
cual fugaz, rojo cometa
que pase enarbolando
en la noche su estela
tan dolientemente amarga.

Epifanía

Cuando ya desesperaba
de que Amor por mí esgrimiera
entre salvas y atambores
sus antorchas leonadas,
ha venido el dios glorioso
disparando tales dardos,
tales flechas incendiarias,
produciendo aquí en mi pecho
alegría tan ardiente,
quemadura tan gozosa,
tan radiante llamarada,
que bien son merecedoras
de la pena y el tormento
que sin duda has de causarme.

Epitalamio

¡Que entre en mi lecho, Amor,
que ya me desespero!

Furtivamente traiga
un rubio haz de espigas.

¡Encienda con su boca
el gusto de mi boca
y avive con sus manos
la llaga del deseo!

Desnudos, tú y yo,
por fin estamos juntos
con los labios sedientos
y el pecho palpitante.

¡Libremos pues, acordes,
la más dulce batalla
y en un infierno ardamos
que alumbre el Paraíso!

Primera anacreóntica

Cuando sales del lecho
dirigiéndote al baño
—oh mi díscolo amor,
displicente criatura
que cimbreas el cuerpo tan hermosa
al andar—, se me agolpa en las sienes
bruscamente la sangre,
y ya sólo concibo enlazar tu cintura
que fustiga implacable encendidos deseos,
y besarte los labios tembloroso,
y perderme en la sima de tu pecho;
y al volcar mi ansia atroz sobre tu vientre
todavía retarte a ese póstumo duelo
en que elijas el arma victoriosa
con la que perezcamos
los dos juntos, ofrenda peregrina
en las aras de Eros.

Y ya nada me importa
que quizás me desprecies
—oh desapasionada y cruel criatura
que cimbreas el cuerpo

tan hermosa al andar—,
una vez que he gozado de la esquiva
desnudez jubilosa de tu cuerpo.

Celos de amor

No puedo concebirte en otro lecho,
no puedo imaginarte entre otros brazos,
amor, el más querido amor, no puedo.

Porque siento un dolor, siento una pena
tan honda, tan sombría; una espada,
un puñal tan helado y tan agudo
clavarse amargamente en mis entrañas,

que no puedo pensarte entre otros cuerpos,
ni sufrir que te abrasen otros labios,
mi amor, mi más querido amor, no puedo.

Segunda anacreóntica

Se ha enfadado mi amor
y no quiere ya verme.
A sus pies yo me postro
y, al rasgar mis vestidos,
la ceniza derramo
por mi cana cabeza
y también por mi boca
implorante de besos.

¡Nada alivia mi pena!
¡Nada endulza mi llanto!
Ni siquiera apurar
el licor que me ofrece
ese numen risueño
que se embriaga de pámpanos
y se cubre de yedra.

No consigo olvidarte,
aunque seas tan sólo
bestezuela egoísta
que si gozo no encuentra
cuando yace a mi lado,
desatiende a las súplicas
y cruel me abandona.

Epigrama

No consigo arrancarte de mi boca.
No consigo arrancar de ti mis manos.
Hiendes mi pensamiento de tal modo
que un gesto tuyo, una palabra tuya
lo cifran todo para mí: una gloria
que al ser siempre tan breve es mi condena.

Eucaristía

En este leve instante de sosiego
apenas recobrado
que ahora me permites, doy las gracias
por ese verde mar que se aquieta
en el humilde espejo
de tu dulce mirada;
por tu sonrisa que inocente esparce
ramillete de lirios
sobre la tierra umbría;
tu boca que rezuma vino ardiente
en perfumado cáliz;
por tus manos, mi amor,
tus añoradas manos,
donde anidan caricias
y se imprimen los besos;
y también por tu pecho —veleidosos
en él forjan los dioses
suspiros y saetas—;
por tu cuerpo desnudo
que es cifra y crisol del Paraíso,
y esa cárdena fruta
que entre espigas de oro tú me muestras,

callada y temblorosa
como un alba en ciernes.

Por todo ello pues, te doy las gracias,
porque, al fin bondadoso un dios conmigo,
te creó como fusta que avivase
el más antiguo y cruel de los tormentos.

Lamentaciones

Ya no te quiero, amor,
ya no quiero quererte.

No puedo soportar de ningún modo,
tanto acerbo dolor, tanta vergüenza.

Mi amor no te mereces.
No te mereces ya que yo te quiera.

Objeto de irrisión a causa tuya,
me has convertido en un despojo triste.

No quiero ya quererte,
amor, ya no te quiero.

Vale

Y bien, pues, en verdad, no queda nada
del profundo dolor que me has causado,
he de decirte, sólo, finalmente,
que voy a tomar de ti esta venganza
dulce y cruel, cruel y dulce al tiempo;
que huella alguna que tú dejes sea
comparable a los versos que abandono
así, a medio hacer, en loor tuyo:
«¡Qué pena, ay, que nuestro amor acabe
aun antes de empezar!». Y estos otros
que no ha mucho esbocé sobre tu cuerpo:
«En la penumbra de tu pecho asoman
dos ascuas turbadoramente inquietas,
y en la cálida noche de tus muslos
la más radiante y sonrosada aurora».

III

Los puntos suspensivos

Demoras sicilianas

I

La ignorancia siempre aviva el ansia
de poder. Desconocen de la isla
su extensión enorme y el gran número
de gentes que la pueblan, y que marchan
a emprender obcecados una guerra
que les resultará tan onerosa
como aquella que sostienen. Pero
les ciega el oro público, el oro
que guarda la penumbra de los templos:
los sesenta talentos que se ofrecen.

II

Que transportar sería necesario
considerable número de hoplitas
tanto propios —hoplitas atenienses—,
como aliados, también peloponesios
a cambio de soldada;
y multitud de arqueros, lanzadores
de dardos y de honderos
que luego hicieran frente
a su caballería;
y botar una escuadra poderosa
que en combate naval nos haga a ellos
superiores y de cebada y trigo
nos provea a su vez;
requerir quien se apreste a la molienda
y en fin, dinero, ay, mucho dinero...

Lo dijo Nicias, hijo de Nicérato,
en el decimoséptimo verano
de aquella triste guerra.

III

Aprovechad mi juventud, os digo,
el entusiasmo ciego que se muestra
en mi carácter, mi osadía,
pues soy la viva imagen de vosotros
—sabéis que siete carros compitieron,
los siete a mis expensas, en Olimpia,
y que obtuve con ellos la victoria
y además un segundo, un cuarto puesto—.
Despreciemos el tardo poderío
de los lacedemonios.
¿Juzgáis permanecer posible acaso
sin lucha en la alta cumbre
de los conocimientos?
Corramos a la acción.
Juntos realicemos bellas gestas.

IV

Son los dueños del mar.
Con férreo tridente han sometido
las ciudades de la Caria
y la Jonia, y las islas numerosas
que surcan el Egeo
—y eso que pretendían
en un primer momento
liberarlas del yugo de los persas—;
y también las que miran nuestras costas
—nemorosa Zacyntos, Cefalenia,
Corcira— aliadas suyas son.

Dominan
con sus naves veloces
los Estrechos, la Tracia, la Calcídica.
Vencieron a las tropas del Gran Rey
en combate terrestre
y en un naval combate.
Y aun a afrontar se atreven —ellos
que son un pueblo jonio—,
las inmobles falanges espartanas.

Su fortaleza es mítica.
Su poder, tan lejano, inquebrantable.

V

Si aprestadas las naves
saliéramos unidos
a enfrentarnos con ellos
hasta el promontorio de Yapigia,
su audacia sería derrotada
por la osadía nuestra,
y el temor pretendido
por otro inesperado allí presente.

VI

Pero no han de venir. Y si vinieran
¿qué mal, decidme, habrían de infligirnos
sin recibir otro mayor a cambio?

Obligados por larga travesía
a navegar sobre ligeros barcos,
apenas si de un modo suficiente
podrían pertrecharse
de cuanto, me parece, es necesario
para ciudad tan rica y populosa
someter y que cuenta con recursos
tan grandes, ubicada en un medio
que habrá de presentárseles hostil.

Bien sé que sois vosotros
—tanto os irrita nuestra forma de gobierno—,
los que andáis propalando
tal suerte de invenciones.

Conservarán, si son sensatos, cuanto
hoy día en paz poseen,
sin arriesgarse en una vana empresa.

VII

Y mientras, junto a todos sus aliados,
ya estaban en Corcira
ellos, los atenienses,
y desde allí dirigen a las costas
itálicas, a territorio heleno
sus elevadas proas
por el inmenso mar,
el mar innumerable,
profundamente azul, siempre impreciso,
que transitan los peces escamosos
y las velas conmueven con las brisas;
en naves con tres filas de remeros,
unos pocos caballos
y una multitud abigarrada
compuesta por hoplitas,
servidores, pelstatas, albañiles,
panaderos, pequeños comerciantes,
carpinteros y putas; herramientas
para la construcción,
algunas provisiones
y cada cual con su temor oculto
o su esperanza alerta.

Y desde allí a Regio navegando
por el mar espumoso,
el hondo mar divino.
Pero no los reciben en Tarento
y las demás ciudades les cerraban
sus puertos y mercados
dejándoles tan sólo
el agua repostar y que sus naves
anclaran en seguro.
Y en Regio, por más que finalmente
se dispuso un mercado,
tampoco les ofrecen acogida
dentro de la ciudad y rehusaron
hacerse aliados suyos.
Y este fue el principio de tremendos
males.

Vino por fin la tibia noche
con su alta corona de espadas
fulgurantes y antiguas,
librándose al reposo
los seres todos de la fría tierra,
el mar salado, el espacioso cielo.

VIII

Y sucedió que no, que no había
riquezas semejantes en Segesta,
que la abundancia aquella de labrados
metales —incensarios y vajillas,
copas de oro— era una,
la misma, transportada
de aquí para allá, con tal destreza,
que incluso a los legados de la docta
Palas engañó, ávidos y ciegos.

IX

Entonces deliberan
los tres, los estrategos atenienses,
si, con todo, sería preferible
regresar una vez reconciliadas
Segesta y Selinunte —no otro era
el pretexto invocado—
o, a fin de evitar comportamiento
impropio de ciudad tan excelente,
permanecer allí buscando alianzas
entre pueblos afines,
o atacan de improviso aprovechando
la situación confusa,
el pánico que aún provoca número
de naves como este,
tal cantidad de hombres y pertrechos.

Se deciden los tres por la demora.

IV

El punto

Doce coronas blancas

A la memoria de Daniel Alastuey Lobarte

Corona de lamento

Se han cerrado tus ojos para siempre.

Se ha quedado inmóvil para siempre
tu blanca mano como un ala rota.

Se apagó para siempre el agitado
fuelle que consumía tu aliento.

Ha cesado el manar siempre abundante
de palabras y besos por tu boca.

¡Ya nunca más me abrazarán tus brazos!
¡No me verán tus ojos frente a frente!
¡Ya no me besará tu dulce boca!

Corona amarga

Esos ojos enormes,
redondos y profundos,
callada, amargamente,
sorbo a sorbo bebían
todo el mar.

Corona triste

Tú, que en un tiempo fuiste
mi más grande alegría,
en los días aquellos
que poblabas de azul
y de labios fragantes,
con tu sola presencia añorada
disipando ese mudo
dolor que en torno a mi frente ceñía
su diadema oscura,
eres hoy la mayor de mis tristezas.

Corona del beso

En la flor apagada
de tu casta mejilla,
dejé la ofrenda suave de un beso.

Corona humilde

Como una blanca flor
entre coronas blancas,
como un ave dormida
en la más tierna rama,
como un río callado,
como un temblor de nácar,
te fuiste por el vano indeciso
que conduce a lo incierto.

Corona de cuerpo yacente

Me hubiera gustado devorarte
despacio con los ojos,
saciarme de tu yerta
figura con mi boca,
para así retenerte
en mi interior, anclado,
más íntimo a mí mismo que yo mismo,
inaccesible al fin,
a las hambrientas fauces del olvido.

Corona rota

¡Cuánta ilusión blandías en tus ojos
inundando los cielos
de luz y que es ahora
una indefensa flor quieta y truncada!
¡Cuántos anhelos tuyos esparcidos!
¡Cuánta ardiente alegría!
¡Cuánta nostalgia inmensa
se desbordó en tu pecho
fatigado del aire!
¡Cuánto dolor enmudecido, cuántos
sueños de una vida
más justa y más hermosa
y no, en su raíz,
hendida y desolada!
¡Y cuán precioso y puro,
cuánto inocente amor
te has llevado contigo
bajo la oscura tierra endurecida!

Corona de ausencia

Qué extraño.
Ayer se puso el sol —un sol de oro—
sobre el río,
y hoy la lluvia ha renovado el verde
de las hojas.
Pero tú no estás aquí, conmigo.

Y una multitud adamascada
de hombres y mujeres,
de chiquillos,
bullía por los bares y terrazas
como en días de fiesta.
Pero, en cambio,
tú no estabas ya aquí, conmigo.

Cuando venga la noche,
la noche abierta toda del estío,
con el cáliz amargo
de la definitiva
e inconcebible ausencia,
iré a mi soledad
de nuevo acostumbrada,
y tú ya no estarás aquí, conmigo.

Corona votiva

No quiero que descanses,
no quiero que tropieces
en la dura quietud
que asolaba tu cuerpo
e impedía tu marcha
sembrándote el camino
de clavos aguzados
y dolientes espinas
—un inmisericorde
y vengativo dios así lo quiso—;
quiero que tu reposo
sea un raudo vuelo,
un agitar de alas,
una pura ascensión,
un caminar erguido
con paso trepidante,
para que se desborde tu alegría
por el verde horizonte
sin fin de la esperanza.

Corona del reencuentro

Yo no sé dónde estás,
ni sé dónde se han ido
tus ojos y tu boca,
tu caliente mejilla,
tus manos delicadas.

Tal vez alegre te deslices
por la orilla segura
en que asombran los pájaros
y refrescan las ramas;
o tal vez todavía
inseguro tropieces
por entre ásperas sendas
y naves encalladas.

Pero allí donde estés,
allí por donde vayas,
será dulce acudir
y encontrarme contigo
en un atardecer
de brisas y de palmas,
y jugar el más bello de los juegos
sin decirnos la última palabra.

Corona blanca

Para ti he compuesto este ramo
de blancas flores. Tómalas:
gladiolos y claveles, margaritas...

Quiero que te acompañen
en esa muerte lenta
que en su oquedad terrible te consume.

Corona lunar

Daniel
se ha perdido
por el verde laurel
escondido.

Daniel
se ha marchado
sobre un blanco corcel
encantado.

Cuando sea la una,
Daniel
se asomará a la luna.

Daniel.

Nuestro último encuentro

A la memoria de J. M. Moreno

¡Vamos, levántate, amigo,
que en el cielo rompe el alba
y el río deja en la noche
sus frías estelas de agua!

Por aquí te esperamos,
cerca de la baranda
y de los jardincillos,
hace ya mucho tiempo
asolados, de la infancia,
y el antiguo cuartel
junto al que, adolescentes
de indecisos sueños
y melancolías vagas,
conversamos en silencio
aquellas noches lentas
de un estío sin nubes
con la luna varada;
en el puente de Piedra,
desde donde iniciábamos,

rumbo ya al instituto,
presurosos la marcha
y quedamos tantas veces,
para dar una vuelta
y aspirar por el aire
aroma de muchachas,
tú y nosotros, tus amigos,
como en esta madrugada.

Y si vemos que no llegas,
que se nos hace tarde
y de nuevo te retrasas
porque el viento o la lluvia
te impiden escapar
de esa tierra quemada
que te quiere hacer suyo,
de aquí no nos iremos
por más que el río deslumbre
con su blandir de espadas;
y si sigues sin llegar,
si nos sigues privando
de tu voz, tu sonrisa
y la miel de tu mirada,
marcharemos a buscarte
para que no te pierdas

ni andes solo y callado
en esa noche terrible
y sin estrellas, que viene
a atraparte y nos atrapa.

¡Vamos, levántate, amigo!
¡Vamos, levanta, levanta!
¡Aunque el aire venga turbio
y se quiebre la mañana!

V

El punto y final

Desconsuelo

Me he sentado a la orilla
como un rey pensativo,
a contemplar las hojas
que arrastra la amarilla corriente,
y sentir tu figura,
tu figura tan niña,
ausente y dolorosa,
en los troncos helados
y las ramas yertas.

Ni sé cómo decir mi dolor,
mi dolor de racimos sangrantes,
tan tenaz como rueda dentada.
Sólo sé que no habrá más comienzo
ni más días de suaves latidos,
sino una luz hiriente
que volverá más duras las costras;
que no estarás de vuelta
cuando el amanecer se despliegue
entre sucios anillos;
que moriré en la noche

cuando me duelas todo
con el rostro hundido.

Me he sentado a la orilla
como un rey destronado
a devorar sin ti mi tristeza.

Confesión

Y no es lo más duro, amigo mío,
que tú hayas de morir
—al fin morimos todos—,
sino que a la vuelta
de unos pocos años
no llegue a quedar nada
ni de ti ni los tuyos
—observa ya arrasados
los grises arrabales
que tu niñez iluminó— y te sepas
sin fuerzas suficientes
para, salvándolos, salvarte, oculto
detrás de una palabra
que hoy incluso presumes poderosa
y no epitafio inerme,
cual si escaseara
una vida apenas
vivida tras haber abandonado
a tu edad tantas cosas;
aceptar todo esto
sin una mueca de dolor siquiera,
sin rehuir el vacío,

con tan sólo el inútil desahogo
de esta confesión,
he ahí la mayor de las renuncias
—que se aparten los santos y los héroes
vencidos ante ti—,
el estigma cruel del solitario.

Fonfría

A la memoria de Javier Ortega

Ahora, que tal vez sigas cansado
y te sientas, igual que yo, solo y muy triste,
quisiera proponerte que vayamos
a un hermoso lugar, azul y verde
oscuro en la memoria,
recóndito y ameno,
en donde el boj se eriza
y corre un blanco arroyo
lleno de dulce leche
y de dorada miel,
entre mudables sombras
y el mugir perezoso de las vacas.

Allí sigue el refugio
que albergó, aún indemnes, nuestros cuerpos,
aquel otoño de rojizas trenzas
y de apagada nieve.
Soñábamos entonces, todos juntos,
el sueño más precioso

y también más falaz:
que nunca acaba el tiempo.

Eras, Javier, tan tímido
y a la vez tan afable,
con esa paz que transmitían siempre
tu gesto y tu mirada.
Y te movías, ágil y flexible,
igual que un joven dios que iluminase,
con su viva presencia,
nuestra particular, perdida Arcadia,
aquellos días en que ni siquiera
habíamos cumplido veinte años.

Kerigma

A mi compañera de viaje

El tiempo se ha cumplido
y siento que en mis manos
el reino ya está cerca,
porque los ciegos ven, oyen los sordos,
y hasta los paralíticos caminan,
huyendo los demonios
airados ante mí. Dios reina. Esos
son los signos y este es el kerigma.

Y luego se marchó a la otra orilla,
sobre una barca semejante a esa
que vemos deslizarse
sobre un azul numínico, cerúleo
—pero tan grande no y sin toldadura—;
yendo contra Legión, pues no era uno
sino muchos, gran número de cerdos.

La buena nueva allí, en Cafarnaúm,
con un sol que caía gravemente
sobre un mármol dorado

de impecables tonos helenísticos,
en la casa de Pedro,
sí, en la *domus ecclesia*,
junto al umbral, sin duda,
que atravesó. Y qué tiene que ver todo
esto, di, con la gloria, y la pompa,
y con esas liturgias
de rumor bizantino,
tan hondas y tan místicas,
qué tiene que ver esto
con la cristología.
Dando tan mal ejemplo, disputándose
un mismo espacio todos,
un rincón, una fuente, una cueva
—diversidad tal vez de tradiciones—.
Justo al lado del mar:
Os haré pescadores,
pescadores de hombres.
Caminando también sobre las aguas,
calmando tempestades.
Los signos. Y el kerigma.
Sintiendo el actuar del reino en torno,
quién sabe si confiado
o quizás sorprendido;
con todo, aceptando plenamente,

sintiendo el actuar
de Dios en torno suyo.

En cambio, allá en el monte,
un espacio salvífico
verde y azul, azul y verde, cálido
y húmedo en verdad,
donde aún resuena con viveza
el canto de los pájaros
gozosos por encima
de la celebración: *εὐχαριστία*,
los panes y los peces,
las bienaventuranzas,
un Jesús pre-pascual y no exaltado,
lejos aún de ser el siervo humilde
de un poder tan distante,
hundido en el dolor,
profanado en la muerte.

Poco después subimos.
Rumbo a Jerusalén
un Jordán de almanaque y alambradas,
por el desierto áureo y ascético
de Judá, el montículo ardiente
que fuera Jericó, la humeante

llanura donde un día se alzaron
para siempre malditas
Sodoma y Gomorra;
rumbo a Jerusalén
y la puerta dorada
enfrente de la cual *Dominus flevit*,
los montes y los valles
—Sión, Cedrón, las palmas, los olivos,
la terrible Gehenna,
sepulcros blanqueados—;
Jerusalén la santa,
ceñida en manto de oro,
sombría de guedejas,
fundida en el crisol embalsamado
de un islam retumbante y antaño
victorioso, frenética de rizos
y de barbas judías;
empeñándose brusca, tenazmente
en levantar el templo,
en propiciar la ruina
del altar anterior sobre la misma
roca.

Cristo en la cruz. Sobre un Gólgota
inmerso en los rituales del Oriente:

el velo desgarrado,
la propia tierra herida.
Cristo en la cruz. Pregunto:
¿para qué su tristeza,
para qué su dolor, su muerte oscura;
de qué ha de servirnos
en esta muerte nuestra,
en este dolor nuestro igual de oscuro?
Llegad, llegad los tristes, los que sufren
también, los solitarios
hasta la piedra de la unción, llegaos
al edículo. Crótalo.
Χριστὸς ἀνέστη. Τάλαντο.
Χριστὸς ἀνέστη ἐκ νεκρῶν. Penumbra.
Θανάτῳ θάνατον πατήσας. Crótalo,
campanas. ¡Los derviches
y las arpas hebreas!
Χριστὸς ἀνέστη. Τάλαντο.
Con la muerte ha vencido a la muerte,
germina el fruto de la luz dichoso,
corren ríos de miel;
ya vuelven las ovejas al aprisco
solas, y sola tíñese la lana;
el árbol del Edén ya reverdece.
Χριστός ἀνέστη.

El tiempo se ha cumplido.
Les dijo una parábola: El reino
se parece... Cizaña y levadura,
tesoro, perla y red
actuando por medio de sus manos
en las suaves colinas
junto al mar, junto al lago impreciso.
Marchad a Galilea.
Allí el banquete, allí la diminuta
flor, el grano humilde de mostaza.
Y les dijo también
la oración que, al menos, reconforta.
Les dijo —y lo dijo en arameo,
no en griego ni en latín—
Abbá. Ya simple oficio,
vergonzante actitud. Y, a causa de esto,
convirtiéndose en Verbo. Luz. Kerigma.
Confuso, entristecido hasta la muerte,
aceptándola al fin. Doxología.

Apunte cronológico del autor

Los puntos cardinales puede en rigor considerarse mi tercer volumen de poemas. En él se recogen composiciones escritas entre los años 1994 y 2017, un largo periodo de tiempo, que lo convierte, aun en su brevedad, en un libro de libros. A este respecto, me gustaría señalar que los dos primeros no se publicaron en el mismo orden en que fueron concebidos, ya que *Razón de espera*, editado en 2021, contiene poemas escritos entre 1978 y 1982, en tanto que *Los negros soles*, cuya publicación tuvo lugar en 2011, incluye versos compuestos entre 1983 y 1993, aunque en ambos existan salvedades, al igual que, por otra parte, en este. De todos modos, la mayor parte de los poemas incluidos en los tres libros, sólo alcanzaron y han alcanzado una forma definitiva en el momento de su envío a imprenta.

Índice

I. Los cuatro puntos

II. Los dos puntos

III. Los puntos suspensivos

IV. El punto

V. El punto y final

Este libro se terminó de imprimir
el 30 de agosto de 2024,
doscientos veintisiete años
después del nacimiento de la escritora
Mary Shelley.

Títulos publicados

PREGUNTA
ediciones

Relatos

Las pérdidas rojas. Chusa Garcés
Cuentos detrás de la puerta. Begoña Abad
Amor, blanco roto. Chusa Garcés
Letras de tinta. Lourdes Aso Torralba
Baños de Panticosa. Premios Literarios. Varios autores
Sobreexposición. Laura Bordonaba Plou
Desde el otro lado. Prosas concisas. Fernando Aínsa
Buscando los orígenes de aquello. Irene Achón, María Jesús Artigas, Alberto Delmalo, Ana García, Coral González, Anabel Hernández, Aitana Muñoz, María José Pardo, Eva Pardos, Elisa Pérez, Manuel Pinos, Pilar Royo
Brioleta. Encuentro de escritoras aragonesas. Lourdes Aso Torralba, María Pilar Benítez Marco, Elena Gusano Galindo, Chusa Garcés, Blanca Langa Hernández, Angélica Morales, Marta Navarro, Almudena Vidorreta
Los soñadores. Roberto Malo
Bilbilitanos en la historia. Ricardo Ramos Rodríguez
El dolor del cristal. Sergio Royo
Polar. Laura Bordonaba Plou
La prueba final y otras historias cortas. Ganadores del Certamen de Cuentos y Relatos Breves Junto al Fogaril
Viviendo en tiempo brutal. Sergio Royo
Contemplación. Franz Kafka
Zaragoza turbia. José María Tamparillas
Sabor metálico. Eva Pardos Viartola
Cuentos esféricos. Chema González
Canciones tristes que te alegran el día. Miguel Mena
Todo es agua. Begoña Fidalgo
Mar de lejos. Manuel Pinos
Y de repente esta lluvia. Sergio Royo
De bares y mujeres. Marta Armingol, Olga Asensio, Laura Bordonaba Plou, Clara Castán Ibarz, Begoña Fidalgo, Paula Figols, Chusa Garcés, Magdalena Lasala, Elvira Lozano, Rosa Martínez, Angélica Morales, Eva Pardos Viartola, Clara S. Mendívil, Laura Serrano
Diáspora. Isabel Gutiérrez Cía
Relatos de La Flama. María Jesús Artigas, Emilia Bayod, Marta Gascón, Clara Járboles, Merche Llop Alfonso, Abraham José Mendoza Diloy, Eva Pardos Viartola, Alfredo Pérez, Elisa Pérez Ibarra, Manuel Pinos, María José Sanjuán, Wenceslao Varona López, Gloria Verdoy
Un martes cualquiera. Laura Latorre Molins
Con voz y voto. Pioneras americanas del relato social y la ciencia ficción y tres piezas del teatro sufragista británico. Edición de Isabel Alquézar y Berta Lázaro
Todos los crímenes del mundo. Sergio Royo
Un punto de destello. Pecker

Novela

El último concierto de David Salas. Roberto Malo
Crónica de un deseo. Antonio Ventura
Verde mar del norte. Clara Castán Ibarz
La brújula del universo. Mario de los Santos
El eco entre la bruma. Ricardo Ramos Rodríguez
Las sombras del Imperio. Ricardo Ramos Rodríguez
La movida que te salvó. Mariano Pinós
Merecer la vida. Laura Serrano
Cariñena. Antón Castro
Los días blancos. Marta Armingol
Declive. Fernando Rivarés
Canciones ligeras. Miguel Mena
Hannibaal. Miguel Carcasona

Inventario de monos. Galgo Cabanas (Mario de los Santos y Óscar Sipán)
De viento y sal. Clara S. Mendívil
Jimena. Magdalena Lasala
Catorce. Paula Figols
El silencio y su canción. Ángel Gracia
Marta. Víctor Juan
La nota muerta. Rosa Martínez
Para cenar, aire. Pedro Bosqued
Las batallas perdidas. Jaime Tomás
La fugitiva. Clara Járboles
Alcohol de quemar. Miguel Mena
La casa de los dioses de alabastro. Magdalena Lasala
Tristán. La ética del monstruo. Javier Romero Collazos
Puente de Hierro. Miguel Mena
Máscara. Ricardo Ramos Rodríguez
Leopardos en el diván. Gonzalo Fontana Elboj
Lucífugo. José María Tamparillas
Bendita calamidad. Miguel Mena
La estirpe de la mariposa. Magdalena Lasala
El colapso de la colmena. Julia Jiménez Carrera
Los Hijos de Hura. Abdelrahim Kamal
Dinero caído del cielo. Reyes Salvador
No podría estar más contenta. Marisol Aznar y María Frisa
Leitmotiv. Sergio Sarsa
Profanación. Ramón Acín
Onda Media. Miguel Mena
Proyecto Sada. Javier Gastón
La vista atrás. Laura Serrano
Pájaros azules en Roma. Miguel Ángel Nievas
Alerta Bécquer. Miguel Mena
Taquicardia. Teresa Álvarez
Moncayo estrés. Miguel Mena

Poesía

Litiasis. Manuel M. Forega
Todas las religiones son una / No hay religión natural. William Blake
Estoy poeta (o diferentes maneras de estar sobre la Tierra). Begoña Abad
AntiaéreA. Encuentro poético en Zaragoza. Carmen Camacho, Alicia García Núñez, Marta Navarro, Chus Pato, Inés Povar, Miriam Reyes, Sandra Santana, Hermanas del Hambre (Elisa Berna y Charo de la Varga)
Todo estalla dicho. Elvira Lozano
La experiencia de la poesía. Ángel Guinda
AntiaéreA II. Poesía encontrada en Zaragoza. Ajo, Eva Antón Bravo, Zhivka Baltadzhieva, Isabel Bono, Javier Corcobado, Cristina Járboles, Laia López Manrique, David Mayor, Carmen Ruiz Fleta
Diez años de sol y edad. Antología 2006-2016. Begoña Abad
Alud. Javier Fajarnés Durán
Los países de piedra. Pablo Javier Pérez López
Existe algún lugar en donde nadie. Juan Pablo Roa
Te mataré mientras vivas (Coronación supersónica). Raúl Herrero
La ciudad y el cuchillo. Javier Fajarnés Durán
Vidrieras. Laurent Tailhade
El tiempo de las alambradas. Antología poética. Antonio Orihuela
Esta vida verde. Antología poética. Lyn Coffin
Las palabras son nocivas. Antología poética. Amador Palacios
Las locuras ya no son locuras. Antología poética. Ferruccio Brugnaro
El techo de los árboles. Begoña Abad
Satirologio. Epigramas del siglo XXI. José Verón Gormaz
Caballo de mina. Gerardo Vacana
Big Bang. José Luis Esteban
Los signos en el agua. Noventa y nueve poemas. Joaquín Sánchez Vallés

Avanza el olvido. Javier Ramón Jarne
Fábrica de la seda. Miguel Ángel Curiel
Casa junto al arrecife. Enrique Ariño Gil
Trivium. Marcos Castillo Monsegur
El lenguaje de las ballenas. Begoña Abad
El libro de horas. Rainer Maria Rilke
Gran Guiñol. Miguel Ángel Ortiz Albero
Cantares y presagios. José Verón Gormaz
Marcha por el desierto. Sandra Santana
Una guitarra de contrabando. Gerardo Vacana
Diccionario de garzas y de mirlos. Pablo Javier Pérez López
Piedra y tijeras. Nacho Tajahuerce
#MedeaHaVuelto. Angélica Morales
Madres. Begoña Abad
Todas las moradas de mi aliento. Jacques Meylan
Razón de espera. Rafael Lobarte Fontecha
Poesía. Guido Cavalcanti
Tránsito. María Pilar Martínez Barca
Viejo. Sergio Gómez
Barro. Miguel Ángel Curiel
Historia del mundo antiguo. Joaquín Sánchez Vallés
Este día, este momento. Juan Pablo Roa
El miedo del doble a la soledad. Rosa Martínez
Un vuelo sin la mecánica adecuada. Pecker
Brioleta volumen 2. Poesía aragonesa en femenino. Carmen Aliaga, María Pilar Benítez Marco, Mar Blanco, Marta Domínguez Alonso, María Dubón, Ana Giménez Betrán, Reyes Guillén, Blanca Langa Hernández, Angélica Morales, Trinidad Ruiz Marcellán, Helena Santolaya y Carlota Urgel
Entre el huerto y el corral y otros versos. Gerardo Vacana
Cantar cuarenta. Cancionero completo 1983-2023. Gabriel Sopeña
Sálvida. Sofía Díaz Gotor
La fuerza de la tierra. Paula Martínez
Ahab. Antología poética. Carlos Ramos
Enseres del invierno. Miguel Carcasona
A la izquierda del padre. Begoña Abad
La muerte se llama Juan. Joaquín Sánchez Vallés
Y ¡PUM! Un tiro al pajarito. Sandra Santana
La vida de María. Rainer Maria Rilke
Lamia, Isabella, La víspera de Santa Inés y otros poemas. John Keats
Un fuerte abrazo. Homenaje al poeta David González. Patxi Irurzun y Nacho Tajahuerce (coords.)
Los puntos cardinales. Rafael Lobarte Fontecha

Libro ilustrado

El dibujante de relatos. Antón Castro y Juan Tudela
La península de Cilemaga. Helena Santolaya
Marcianos. Sergio Algora y Óscar Sanmartín
La odisea de Fortunato. Pere Inglés y David Girón

No ficción

Reconstrucción. Miguel Ángel Ortiz Albero
Sahara Occidental. Cuarenta años construyendo resistencia. Varios autores
Residencia y tránsito de las letras en Aragón. Fernando Aínsa
Diario de campo de un psicólogo en un club de fútbol. Luis Cantarero
Marcelino. Muerte y vida de un payaso. Víctor Casanova Abós
Aragón en el sistema solar. Carlos Garcés Manau
Los poetas malditos. Paul Verlaine
Poetas y poéticas. Ensayos. Amador Palacios
Del espejismo de la revolución a la venganza de la victoria. Guerra y posguerra en Barbastro y el Somontano (1936-1945). José María Azpíroz Pascual
Nerín. Memorias compartidas. Varios autores. Edición de Rafael Latre

Sahara Occidental. Del abandono colonial a la construcción de un estado. Varios autores
El hombre elefante. Frederick Treves
Pasaron por aquí. Antón Castro
Nacer para aprender, volar para vivir. Un acercamiento a la poesía de Begoña Abad. José María García Linares
¡Cállate, papá! Padres y violencias en el fútbol industrial. Luis Cantarero
Metodologías activas en el aula. Varios autores
Gamificación educativa. Varios autores
El viaje exterior. Ensayos censores IV. Manuel Martínez-Forega
Teruel. Otra dimensión. Juan Villalba Sebastián
Opiniones de mujeres. María Domínguez
La guerra de los robots. Cómo la tecnología está cambiando los conflictos armados. Francisco Rubio Damián
La escritura por venir. Ensayos sobre arte y literatura en los siglos XX y XXI. Sandra Santana
La vida al alcance de la mano. La discapacidad a través de mi historia. Álex Sánchez
El viaje exterior. Ensayos censores V. Manuel Martínez-Forega
El camino de la serpiente. Escritos ocultistas. Fernando Pessoa
La jota, aragonesa y cosmopolita. De San Petersburgo a Nueva York. Marta Vela
El bazar infinito. Rutas y mares entre Oriente y Occidente. Alberto Cebrián
Ríos que mueren sin mar. Viaje por las culturas de Asia central. Enrique Ariño Gil
Humanizar el fútbol. Deporte y transformación social. Julio Salinas y Luis Cantarero (coords.)
Tú eres antes que todo. Correspondencia de Ramón Acín y Conchita Monrás. Víctor Juan
Adolescentes del siglo XXI. Técnicas de liderazgo parental. Marisa Felipe
Aurora y la celiaquía. Laura Marín
Zaragoza. Historias de ida y vuelta. Miguel Mena
Aragón. Formas de ser. Miguel Mena
Viaje al mar. Diario de un nabatero. Kike Fernández
Un violinista en el Titanic. Tribulaciones de un heterodoxo. Ángel Garcés Sanagustín
Diario del último año. Florbela Espanca
Juan de Velasco, primer maestre de campo de la Ciudadela de Jaca. Marcos Mayorga
Creatividad de andar por clase. Asunción Porta
Albarracín. Un viaje en el tiempo. Juan Villalba Sebastián
Diálogos en cautividad. Antón Castro
Deambulatorio. Miguel Ángel Ortiz Albero
Mauricio Aznar y Almagato. La historia. Jaime González
Máquinas que cuentan historias. La inteligencia artificial y la literatura del futuro. Varios autores
Cincuenta estaciones europeas. Catedrales de la modernidad. Alfonso Marco
La jota, aragonesa y liberal. Zaragoza, Madrid y París. Marta Vela
Sexo, amor y revolución. Hildegart Rodríguez
En torno a Paris, Texas *de Wim Wenders.* Varios autores
Futbología. La cultura del fútbol industrial. Luis Cantarero
Eugenesia y natalidad. Hildegart Rodríguez

Infantil
La Dama, el Duende y el Rey. Tres leyendas aragonesas. Roberto Malo, José María Tamparillas, Daniel Tejero y David Guirao
Moflete, el elegante. Agustín Porras y Arturo García Blanco
La ardilla poeta y el futuro del planeta. Pilimar Aguilar y Xcar Malavida
Moflete ya sabe contar. Agustín Porras y Arturo García Blanco
Agentes del futuro. María Frisa y Xcar Malavida
Minicó dice no. Nerea Mur
El príncipe que cruzó allende los mares. Roberto Malo, Francisco Javier Mateos y David Guirao
De tu abrazo a las estrellas. Victoria Alcalde y Ruth Alarcón
Mocoloco y Flemalarga. Nines Barcelona y Nerea Mur
San Jorge y el dragón. Daniel Nesquens y David Guirao
Antes de las nueve. Pablo Ferrer, Paula Figols, Marina Santos, Christian Peribáñez y Zaira Andrés
Erny, el monstruo de la Laguna Negra. María Álvarez e Irene Campos
Lex, el Tiranosaurio Rex. Roberto Malo, Daniel Tejero y Blanca Bk
La ardilla poeta y su libro de recetas. Pilimar Aguilar y Xcar Malavida
Un viernes soleado. Pepe Serrano y Raquel Samitier
Mika, el niño fantasma. Daniel Tejero y Bernal